• Bartholo

ABERDEEN
Streetfinder
STREET ATLAS

Bartholomew

A Division of HarperCollins*Publishers*

© Bartholomew 1989
Bartholomew is a Division of HarperCollins Publishers

Reprinted 1991

Published by Bartholomew
Duncan St.
Edinburgh EH9 1TA

ISBN 0 7028 1681 7
D/M 4775 LND

Printed in Great Britain by Bartholmew, HarperCollins
Manufacturing, Edinburgh.

Based upon Ordnance Survey maps with the sanction of
the Controller of Her Majesty's Stationery Office. Crown
Copyright reserved.

CONTENTS

LOCAL INFORMATION GUIDE

Each entry in this guide has a reference to enable the user to locate it in the map section. If, through lack of space, an entry does not appear on the map then the reference will direct the user to the street on which the entry is located.

PUBLIC SERVICES

Grampian Regional Council,
Woodhill House,
Westburn Road.
Tel: 682222.
p23 T15

City of Aberdeen District Council,
Town House,
Union Street.
Tel: 642121.
p14 Z16

City of Aberdeen District Council,
St Nicholas House,
Broad Street.
Tel: 642121.
p14 Z16

Central Library,
Rosemount Viaduct.
Tel: 634622.
p14 Y16

Head Post Office,
Crown Street.
Tel: 576141.
p14 Y17

Police Headquarters,
Queen Street.
Tel: 639111.
p14 Z16

HOSPITALS

Aberdeen Maternity Hospital,
Cornhill Road.
Tel: 681818.
p24 V14

Aberdeen Royal Infirmary,
Foresterhill Road.
Tel: 681818.
p23 U14

Aberdeen Royal Infirmary,
Woolmanhill.
Tel: 681818.
p14 Y15

City Hospital,
Urquhart Road.
Tel: 681818
p15 AA14

Morningfield Hospital,
Kings Gate.
Tel: 681818.
p23 U16

Royal Aberdeen Children's Hospital,
Cornhill Road.
Tel: 681818.
p24 V14

Royal Cornhill Hospital,
Cornhill Road.
Tel: 681818
p14 W14

Summerfield Maternity Hospital
Stronsay Drive
Tel: 681818
p23 R16

Tor-na-Dee Hospital,
Milltimber.
Tel: 681818
p31 J24

Woodend Hospital,
Eday Road.
Tel: 681818.
p22 Q16

Woodlands Hospital,
Bairds Brae, Cults.
Tel: 681818
p25 Q21

SECONDARY EDUCATION

Aberdeen Grammar School,
Skene Street.
Tel: 642299.
p14 X16

Aberdeen Grammar (Annexe),
Esslemont Avenue
Tel: 646306.
p24 W15

Bankhead Academy,
Bankhead Avenue.
Tel: 713861.
p18 P8

Bridge of Don Academy,
Braehead Way
Tel: 703118.
p20 X8

Cults Academy,
Hillview Drive.
Tel: 868801.
p32 O22

Dyce Academy,
Riverview Drive.
Tel: 725118.
p17 P3

Harlaw Academy,
Albyn Place.
Tel: 589251.
p14 X17

Linksfield Academy,
520 King Street.
Tel: 481343
p25 Z12

St. Machar Academy,
St. Machar Drive.
Tel: 492855.
p24 X12

Hazlehead Academy,
Groat's Road.
Tel: 310184
p26 P17

Northfield Academy,
Granitehill Place.
Tel: 699715.
p23 T13

Summerhill Academy,
Stronsay Drive.
Tel: 313391
p23 A15

Kincorth Academy,
Kincorth Circle.
Tel: 872881.
p28 X22

Oldmacher Academy,
Jesmond Drive.
Tel: 820887.
p20 W6

Torry Academy,
Tullos Circle.
Tel: 876733.
p28 AA19

FURTHER EDUCATION

Aberdeen College of Commerce,
Holburn Street.
Tel: 572811.
p14 X18

Aberdeen Technical College,
Gallowgate.
Tel: 640366
p14 Z15

Robert Gordon's Institute of Technology,
Schoolhill.
Tel: 633611.
p14 Y16

Northern College of Education,
Hilton Place.
Tel: 482341
p24 V12

North of Scotland College of Agriculture,
581 King Street.
Tel: 480291
p25 Z12

University of Aberdeen,
Regent Walk.
Tel: 272000
p25 Z12

TRAVEL INFORMATION

AIR
Aberdeen Airport (Dyce).
Tel: 722331.
p16 M4

BUS.
Guild Street Bus Station.
Tel: 591381.
p14 Z17

Passenger Enquiries and Booking Office.
Tel: 212266

FERRY
Terminal for Orkney and Shetland Services,
Jamieson's Quay.
Tel: 589111.
p15 AA16

Passenger Enquiries and Reservations,
Tel: 572615.

RAIL
Aberdeen Station,
Guild Street.
p14 Z17

Passenger Train Enquiries,
Tel: 594222.

Passenger Train Reservations,
Tel: 582005.

TOURISM

Tourist Information Centre,
Broad Street.
Tel: 632727.
p14 Z16

PLACES OF INTEREST IN ABERDEEN
(Map pages 14–37)

**Aberdeen Art Gallery
and Museum,**
Schoolhill.
p14 Y16

**Aberdeen Maritime
Museum,**
Provost Ross's House,
Shiprow.
p14 Z16

**Childrens Corner &
Aviary,**
Hazlehead Park.
p26 P18

**Cruickshank Botanic
Gardens,**
St. Machar Drive.
p24 Y11

Doonies Childrens Farm,
Coast Road.
p29 EE21

Fish Market,
Commercial Quay.
p15 AA17

Girdle Ness Lighthouse.
p29 EE18

**Gordon Highlanders'
Regimental Museum,**
Viewfield Road.
p27 T18

James Dun's House,
Schoolhill.
p14 Y16

King's College,
High Street.
p24 Y12

Loirston Country Park.
p29 DD20

Marischal College,
Littlejohn Street.
p14 Z15

Music Hall,
Union Street.
p14 Y16

Provost Skene's House,
Flourmill Lane.
p14 Z16

**St. Andrew's Episcopal
Cathedral,**
King Street.
p15 Z15

St. Machar's Cathedral,
Chanonry.
p24 Y11

**St. Mary's R.C.
Cathedral,**
Huntly Street.
p14 Y16

St. Nicholas's Church,
Back Wynd.
p14 Z16

Tolbooth,
Castle Street.
p14 Z16

Town House,
Union Street.
p14 Z16

Wallace Tower,
Tillydrone Road.
p24 Y11

Winter Gardens,
Duthie Park.
p28 Y19

PLACES OF INTEREST IN THE SURROUNDING AREA
(Map pages 10–13)

Aden Country Park.
p11 G3

Barra Castle.
p10 E5

**Battlehill Orienteering
Course.**
p10 C4

Bennachie Forest.
p10 D5

Blackhall Forest Walk.
p12 D8

Boyne Castle.
p10 D1

Braeloine Visitor Centre.
p12 B8

Bridge of Alvah.
p10 D1

Bridge of Feugh.
p13 E8

**Brimmond and Elrick
Country Park.**
p13 F6

**Bullers O'Buchan (Cliff
Scenery)**
p11 J4

Cairnbulg Castle.
p11 H1

Castle Fraser.
p13 E6

Craigievar Castle.
p12 C7

Craigston Castle.
p10 E2

**Crathes Castle and
Gardens.**
p13 E8

Culsh Earth House.
p12 C7

Daviot Stone Circle.
p10 E5

Deer Abbey.
p11 G3

Delgatie Castle.
p10 E2

Deskford Church.
p10 C1

Drum Castle.
p13 E7

Duff House.
p10 D1

Dunnottar Castle.
p13 F9

East Arquhorties (Stone Circle).
p10 E5

Eden Castle.
p10 D2

Edzell Castle and Garden.
p12 C11

Fasque.
p12 D10

Findlater Castle.
p10 C1

Fyvie Castle NTS.
p10 E4

Fyvie Church.
p10 E4

Garlogie Stone Circle.
p13 E7

Glengarioch Distillery, Oldmeldrum.
p11 F5

Glenbuchat Castle.
p12 A6

Glendronach Distillery.
p10 D3

Glenesk Folk Museum.
p12 B9

Grampian Transport Museum.
p12 C6

Haddo House and Country Park.
p11 F4

Haugton Country Park.
p12 C6

Huntly Castle.
p10 C3

Kildrummy Castle Garden.
p12 B6

Kinkell Church.
p10 E6

Kinneff Old Church.
p13 F10

Knock Castle.
p12·A8

Leith Hall.
p10 C5

Maiden Stone.
p10 E5

Mearns Forest Walk.
p12 D10

Memsie Burial Cairn.
p11 G1

Monymusk Church.
p12 D6

Muchalls Castle.
p13 F8

Muir of Dinnet Nature Reserve.
p12 B8

North East of Scotland Agricultural Heritage Centre,
Aden Country Park.
p11 G3

Peel Ring of Lumphanan.
p12 C7

Picardy Stone.
p10 D4

Pitcaple Castle.
p10 E5

Pitmedden Garden NTS.
p11 F5

Pitmedden Museum of Farming Life.
p11 F5

Sands of Forvie Nature Reserve.
p11 H5

Slains Castle.
p11 J4

Strichen Stone Circle.
p11 G2

Tolbooth Museum, Stonehaven.
p 13 F9

Tolquhon Castle.
p11 F5

Tomnaverie Stone Circle.
p12 B7

Towie Barclay Castle.
p10 E3

White Cow Wood.
p11 G2

LEISURE AND ENTERTAINMENT

CINEMAS & THEATRES

Cannon Cinema,
Union street
p14 Z16

Capitol Cinema & Theatre,
Union Street.
p14 X17

His Majesty's Theatre,
Rosemount Viaduct.
p14 Y16

Odeon Film Centre,
Justice Mill Lane.
p14 X17

OTHER ENTERTAINMENTS

Aberdeen Football Club,
Pittodrie Park.
p25 AA13

Beach Ballroom (functions),
Esplanade.
p15 BB14

Bowling Alley,
George Street.
p14 Y15

Beacon Sports Centre,
Kepplehills Road,
Bucksburn.
p18 O9

Bon-Accord Baths,
Justice Mill Lane.
p14 X17

**Hazlehead Academy
Baths,**
Groats Road.
p26 P17

**Kincorth Academy
Baths,**
Kincorth Circle.
p28 Y22

**Chris Anderson
Sports Stadium**
Linksfield Road.
p25 Z12

**Tullos School Swimming
Pool,**
Girdleness Road.
p29 BB19

Linksfield Academy Baths,
King Street
p25 Z12

GOLF COURSES

**Auchmill Municipal Golf
Course,**
Bucksburn.
p18 Q10

**Balnagask Municipal
Golf Course,**
St.Fitticks Road
p29 DD18

**Bon Accord Municipal
Golf Club,**
Golf Road
p25 AA13

Caledonian Golf Club,
Golf Road.
p25 AA13

Deeside Golf Course,
Golf Road, Bieldside.
p32 N24

Hazlehead Golf Course,
Hazlehead Park.
p26 P19

**Kings Links Municipal
Golf Course,**
Golf Road.
p25 BB12

Murcar Golf Course,
Bridge of Don.
p21 CC5

Royal Aberdeen Golf Cours
Links Road,
Bridge of Don.
p21 BB9

Westhill Golf Course,
Westhill Heights.
p37 D13

**Northern Aberdeen Munici
Golf Club,**
Golf Road
Kings Links
p25 AA13

KEY TO MAPS

TOURING MAPS

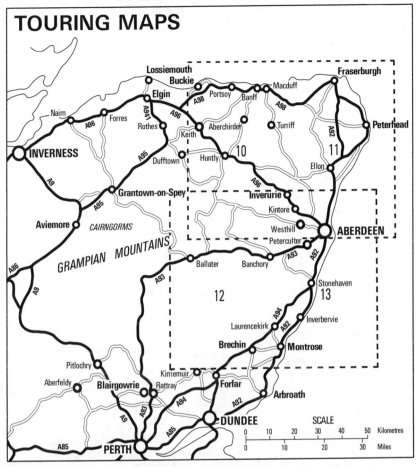

STREET ATLAS

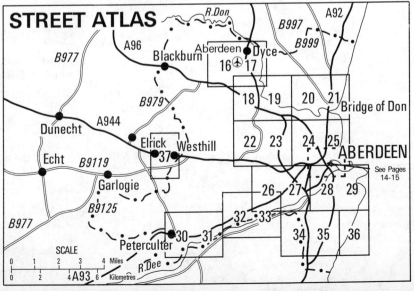

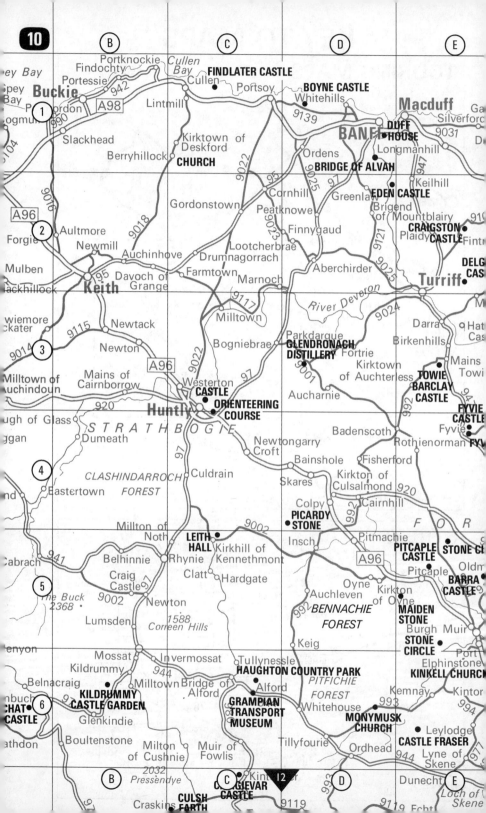

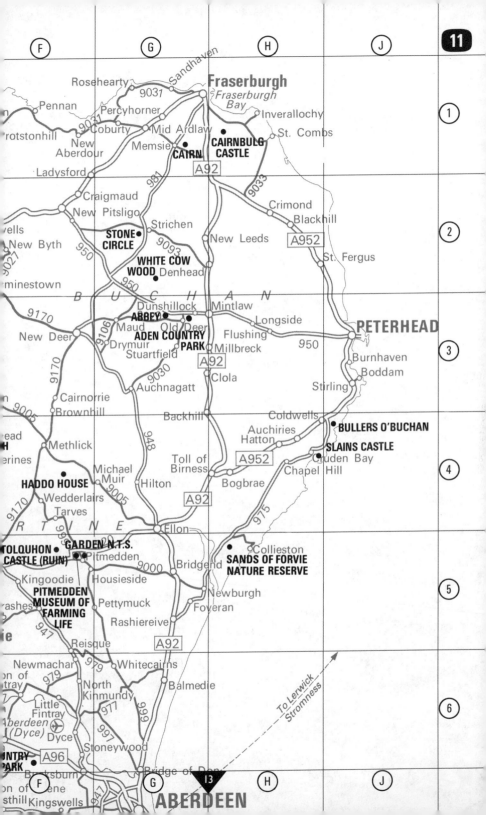

The Buck 2368

9002

Newton

1588 Correen Hills

BENNACHIE FOREST

Lumsden

10

Keig

A

B

C

D

Badenyon

Mossat

Invermossat

Tullynessle

6

Mains of Glenbuchat

Kildrummy

Milltown

HAUGHTON COUNTRY PARK

PITFICHIE FOREST

Belnacraig

KILDRUMMY CASTLE GARDEN

944

Bridge of Alford

Alford

GLENBUCHAT CASTLE

Glenkindie

GRAMPIAN TRANSPORT MUSEUM

Whitehouse

MONY CHU

Bellabeg

973

Strathdon

Boultenstone

Milton of Cushnie

Muir of Fowlis

Tillyfourie

Ordh

Garchory

Colnabaichin

2032 Pressendye

Kintocher

CRAIGIEVAR CASTLE

993

ahaish

7

939

2456 Cairn Mona Gowan

Craskins

Newkirk

Tarland

CULSH EARTH HOUSE

9119

Tornaveen

Hill of Fa 1545

S

airnshiel Lodge

9119

Lumphanan

980

Millt of Car

Torbeg

TOMNAVERIE STONE CIRCLE

9094

PEEL RING OF LUMPHANAN

Torphins

Lochhead

Ordie

Torpins

Cambus o' May

Dinnet

A93

Aboyne

Kincardine O'Neil

993

Mid Beltie

Geallaig Hill 2439

Bridge of Gairn

NATURE RESERVE

Birsemore

993

Bridge Can

Crathie

939

KNOCK CASTLE

976

Deecastle

Marywell

R. Dee

Bancho

8

Littlemill

Ballater

BRAELOINE VISITOR CENTRE

Ballogie

976

BLACKHALL FOR

oral

Aucholzie

Ballochan

Whitestone

Mount Keen 3077

9

enmur

Loch Muick

2555 Mount Battock

Spitalburn

Kerlo 174

974

Invermark Lodge

GLENESK MUSEUM

Tarfside

Loch Lee

Mid Cairncross

R. Nth Esk

Millden Lodge

MEARNS FOREST W.

Clattering Bridge

Auc

Ben Tirran 2939

Haughend

FASQUE

966

Th W

10

Clova

955

Fettercairn

912

Newbigging

Wheen

Gannochy

Laurence

Rottal

Edzell

Sauchieburn

eave

Clachnabrain

Hunthill Lodge

Bridgend

EDZELL CASTLE

Dunlappie

Inchbare

11

Kirkton of Menmuir

N. Craig

Easter Lednathie

Shandford

Tigerton

Cat Law 2196

955

Fern

West Muir

Trinity

Brechin

ykends

Pear

Dykehead

Tann

A94

Netherton

935

Main Dun

A

B

C

D

Northmuir

Finavon

OEN
NE
rgh Muir
ONE
CLE

E Inverurie

Whiterashes MUSEUM OF FARMING LIFE Pettymuck Foveran

993 Re... Rashiereive

F 977 ll G 92 H 6

Elphinstone Newmachar 979 Whitecairns
Port
NKELL CHURCH Hatton of Fintray 979 North Balmedie
Kintore Little Kinmundy 969
ay 977 Fintray 417 997
994 R.Don Aberdeen Dyce
Leylodge (Dyce)
TLE FRASER Blackburn Stoneywood
Lyne of 9126 COUNTRY Bucksburn Bridge of Don
Skene PARK A96
echt Kirkton of Skene 947 ABERDEEN 7
Loch of Westhill Kingswells
Skene Jessiefield 944 Girdle Ness
cht Garlogie Cairnie Cults
STONE CIRCLES Bieldside Nigg
Cullerlie Craigton 956
9125 Milltimber
DRUM CASTLE 9077
Mains of Drum Peterculter Charlestown
RATHES Park
ASTLE A93 Craiglug Hillside 8
Kirkton of Durris A92 Cammachmore
GE OF Netherley
GH Blairydryne Craiggiecat Newtonhill
957 MUCHALLS CASTLE
Rickarton
1051 Mowtie
Hill of Trusta New Mains of Ury
TOLBOOTH STONEHAVEN 9
MUSEUM
DUNNOTTAR CASTLE
Fiddes
Mill of Uras
A94
Parkneuk Roadside of Kinneff 10
Redmyre 967 A92 KINNEFF OLD CHURCH
Scotston
Inverbervie
9120
Johnshaven
St. Cyrus 11
Pathhead

To Lerwick
Stromness

MONTROSE

E F G H

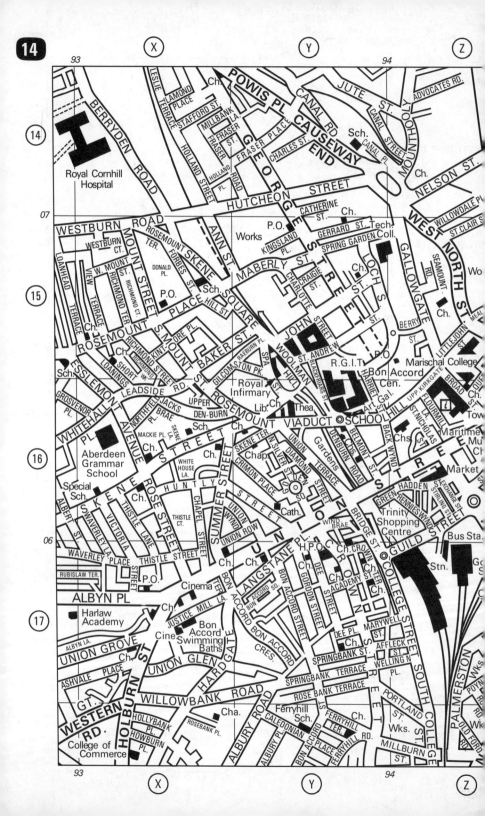

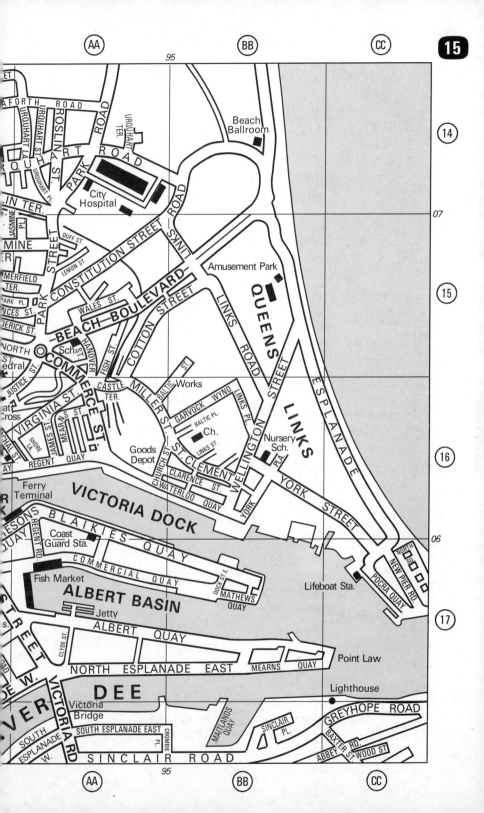

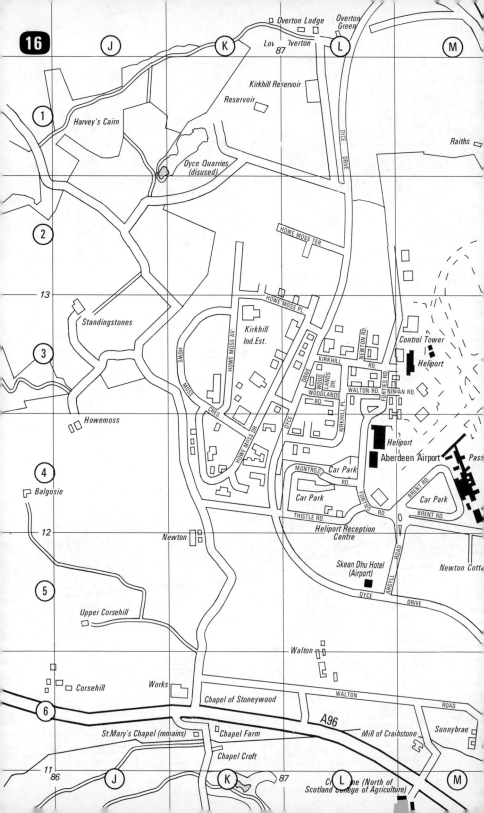

J K L M

Overton Lodge
Overton Green
Lov Overton
87
Kirkhill Reservoir
Reservoir
Harvey's Cairn
Raiths
Dyce Quarries
(disused)
HOWE MOSS TER.
Standingstones
HOWE MOSS PL.
Kirkhill
Ind. Est.
Control Tower
Heliport
HOWE MOSS AV.
Howemoss
KIRKHILL
NEWTON RD.
WOODLANDS DR.
WALTON RD.
FORTIES RD.
NINIAN RD.
HOWE MOSS CRES.
KIRKHILL PL.
DYCE
Heliport
Balgosie
HOWE MOSS DR.
MONTROSE RD.
Car Park
Aberdeen Airport
Pass
12
Car Park
FORTIES RD.
BRENT RD.
Car Park
Newton
THISTLE RD.
BRENT RD.
Heliport Reception
Centre
Newton Cott
Upper Corsehill
Skean Dhu Hotel
(Airport)
ARGYLL ROAD
DYCE
DRIVE
Corsehill
Works
Walton
WALTON
ROAD
Chapel of Stoneywood
A96
Mill of Craibstone
Sunnybrae
St.Mary's Chapel (remains)
Chapel Farm
Chapel Croft
Ch...ne (North of
Scotland College of Agriculture)
86 J K 87 L M
1
2
13
3
4
5
6
11

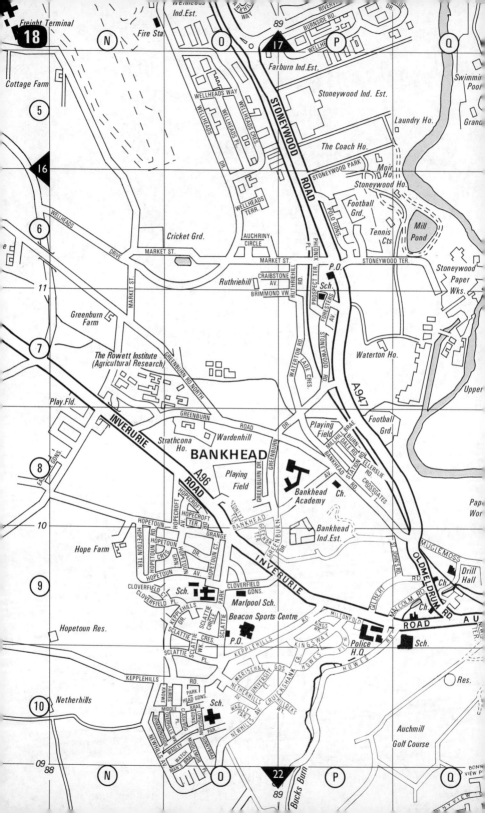

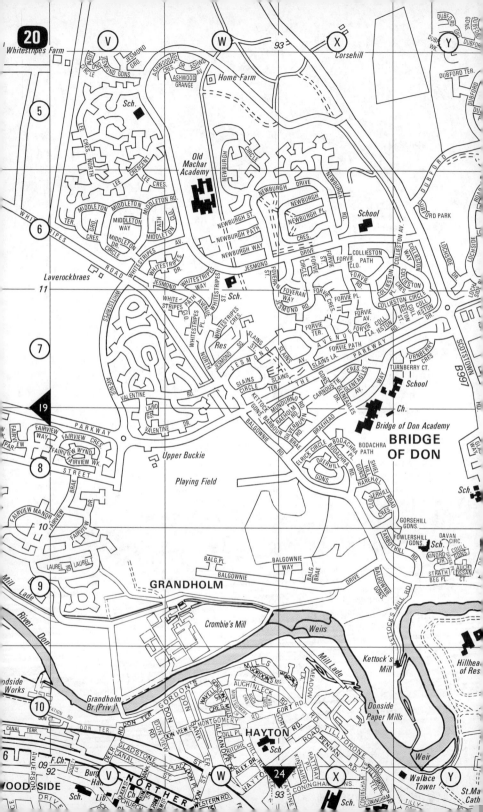

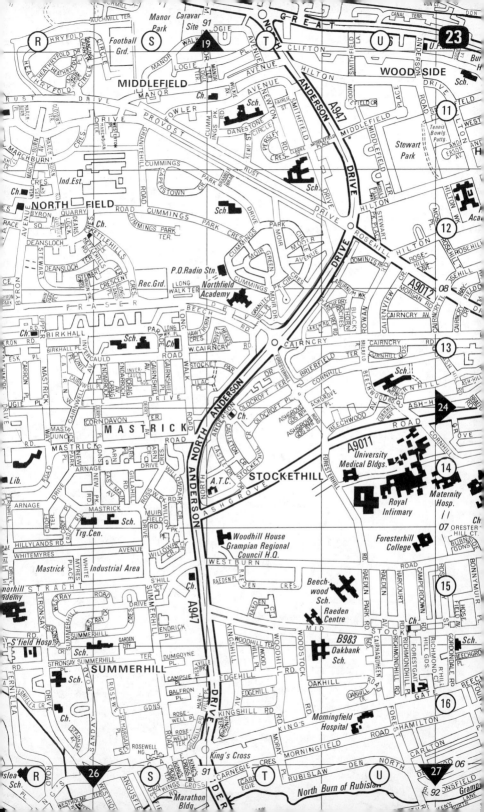

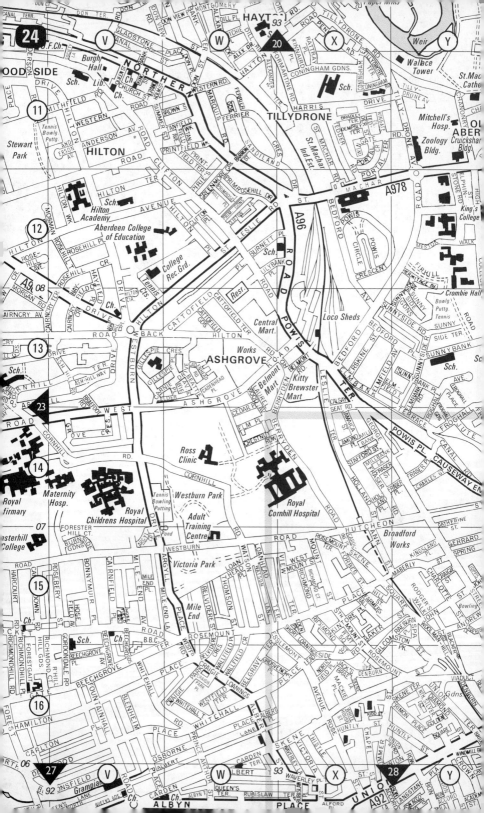

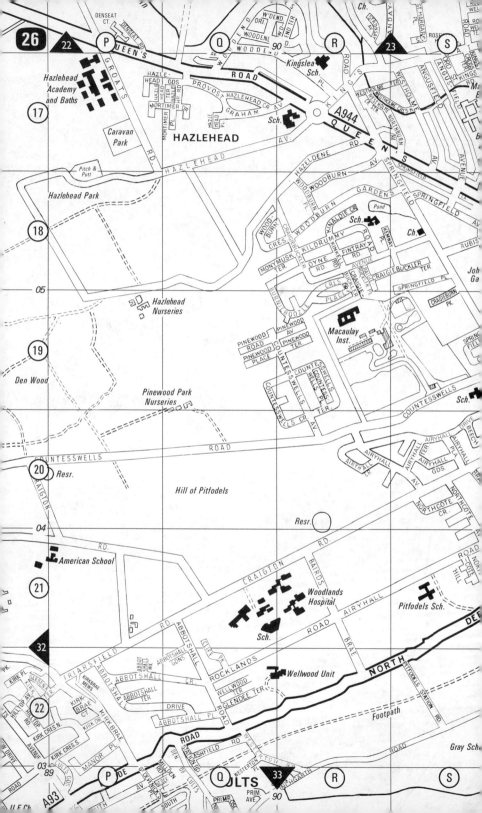

△ 22

P QUEEN'S Q R △ 23 S

DENSEAT CT.

W'END

WOODEN

WOODENL

WOODENL 90 D.

ROAD

Kingslea Sch.

Hazlehead Academy and Baths

GROATS

HAZLE HEAD

GDS

HAZLEHEAD

MORTIMER DR

PROVOST

HAZLEHEAD CR. AV.

GRAHAM

Sch.

WESTHOLME

WESTHOLME NORTHBURN

A944

QUEEN'S

ANGUSFIELD

KINGS

ROSEM

ST. MARGARE

17

MORTIMER PL

HAZLEHEAD

HAZLEHEAD

HD

HAZLEHEAD

Caravan Park

R.D.

HAZLEHEAD

AV.

AVENUE

Pitch & Putt

Hazlehead Park

WOODBURN

HAZELDENE

WOODBURN

WOODBURN PL

SPRINGFIELD

GARDENS

SPRINGFIELD

Pond

Sch.

Ch.

SPRINGFIELD PL.

RUBIS

18

WOODBURN CRES.

CRAIGIEBUCKLER

KILDRUMMY

KINALDIE CR.

R.D.

FINTRAY

RD.

KENNAY

CRAIGIEBUCKLER TER

CRAIGIEBURN PK.

Joh Ga

05

MONYMUSK TER.

OYNE

RD.

ROAD

AVENUE

CRLS.

BUCKLER

CRAIGIE

PLACE

SPRINGFIELD

SPRING FIELD

Hazlehead Nurseries

PINEWOOD

ROAD

PINEWOOD

PLACE

PINEWOOD AV.

PINEWOOD TER

Macaulay Inst.

19

Den Wood

Pinewood Park Nurseries

COUNTESSWELLS

COUNTESSWELLS PL.

COUNTE SSWELLS TER

COUNTE SSWELLS TER.

COUNTESSWELLS

Sch.

COUNTESSWELLS CR.

COUNTESSWELLS AV.

ROAD

AIRYHALL

AIRYHALL TER

AIRYHALL DRIVE

BEECH

20

Resr.

COUNTESSWELLS

CRAIGTON

AIRYHALL CR.

AIRYHALL

AIRYHALL GDS.

AIRYHALL PLA

NORTHCOTE

Hill of Pitfodels

04

RD.

Resr.

CRAIGTON

BAIRDS

ROAD

AIRYHALL

NORTHCOTE CR.

ROAD

NORTH COTE

HILL

American School

21

RD.

Woodlands Hospital

Pitfodels Sch.

32

Sch.

AIRYHALL BRAE

NORTH DE

FRIARSFIELD

ABBOTSHALL

CLIFF PK.

ROCKLANDS

Wellwood Unit

ROAD

PITFODELS STATION RD

KIRK PL.

GARDENS

KIRKBRAE MEWS

ABBOTSHALL

ABBOT SHALL

GDNS

ABBOTSHALL CR.

Wellwood TER.

GLENDEE TER.

Footpath

22

Hilltop Av.

KIRK BRAE CT.

ABBOTSHALL TER.

DRIVE

ROAD

STATION RD

Gray Sch

KIRK CRES. N

KIRK BRAE

ABBOTSHALL PL.

KIRK CRES. S.

MANOR PL.

ROAD

STATION RD

WESTERTON

03

89

A93

P DE Q LTS 33 R S

DEN OF

DILLDEN

PRIM. AVE.

WESTERTON ROAD

90

ARCHGARTH

PRIM

SOUTH

LL E Ch

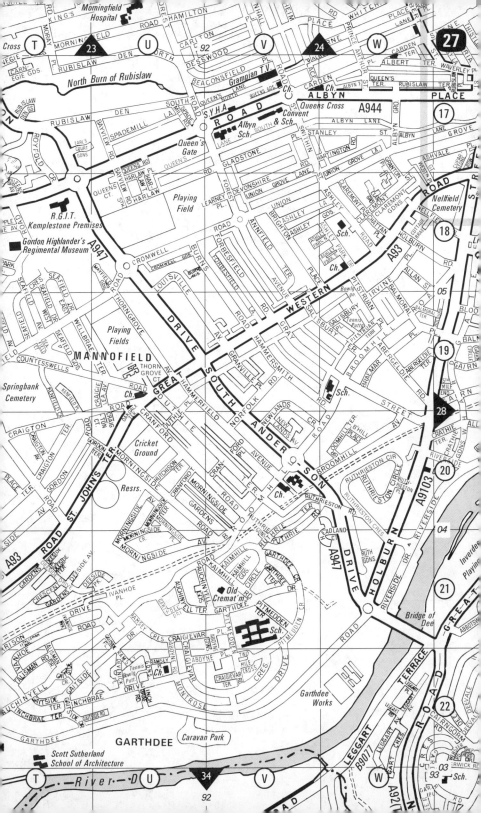

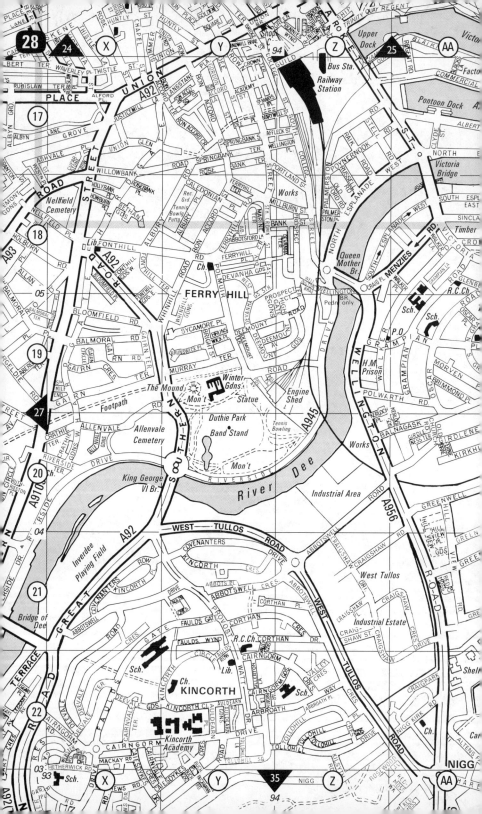

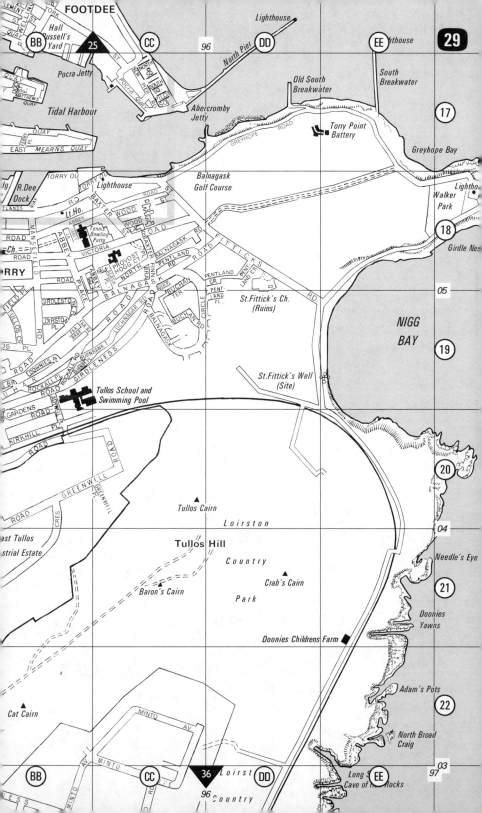

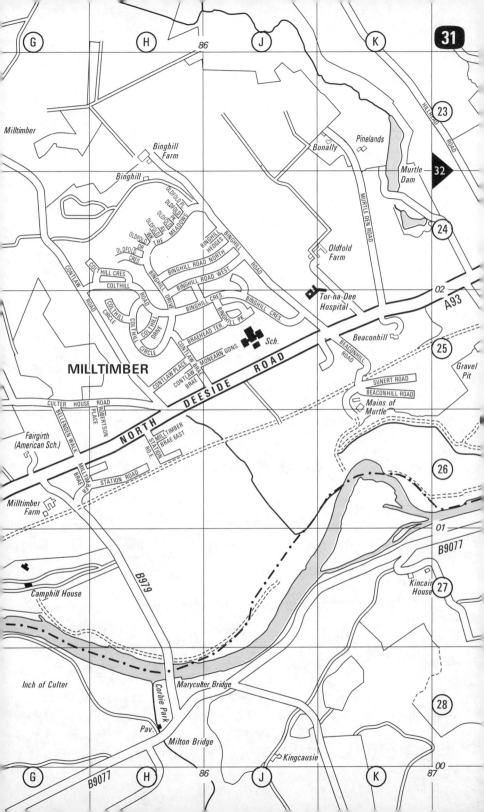

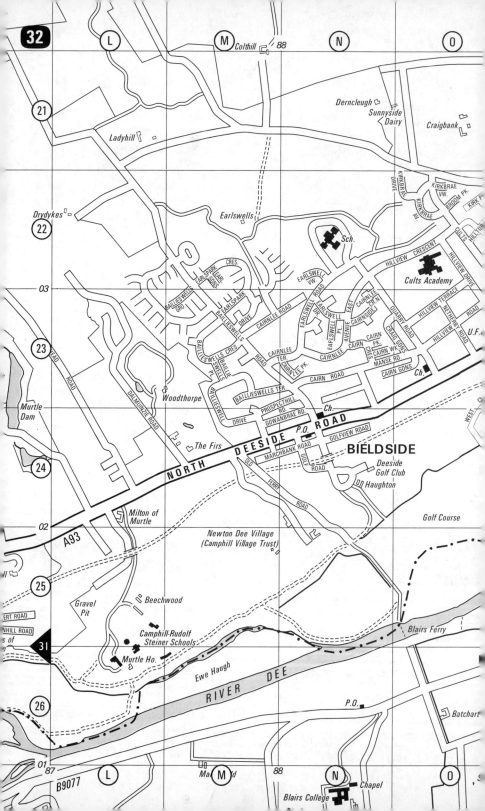

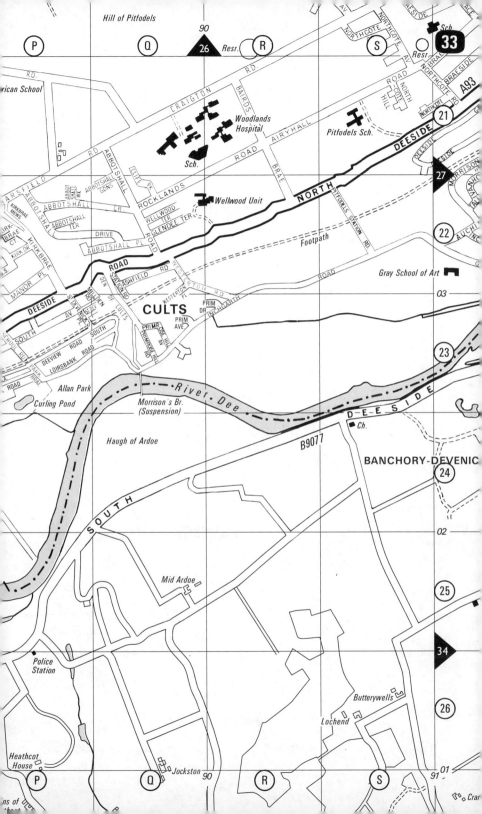

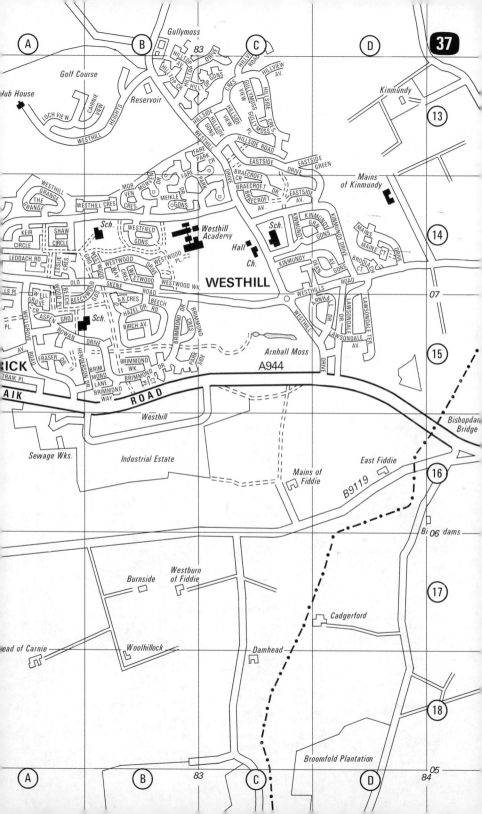

INDEX TO
ABERDEEN STREET ATLAS

Abbreviations used in the index

Aber. — Aberdeen	Gdns. — Gardens	Pl. — Place
Av. — Avenue	Grn. — Green	Rd. — Road
Bank. — Bankhead	Gro. — Grove	S. — South
Bield. — Bieldside	Ho. — House	Sq. — Square
Br. Don — Bridge of Don	La. — Lane	St. — Street
Bucks. — Bucksburn	Manno. — Mannofield	Ter. — Terrace
C. Bay — Cove Bay	Mill. — Milltimber	Vw. — View
Clo. — Close	N. — North	W. — West
Cres. — Crescent	O. Aber. — Old Aberdeen	Wk. — Walk
Ct. — Court	Par. — Parade	Wood. — Woodside
Dr. — Drive	Peter. — Peterculter	
E. — East	Pk. — Park	

A street name followed by the name of another street in italics does not appear on the map, but will be found adjoining or near the latter.

ABERDEEN, BANKHEAD, BIELDSIDE,
BRIDGE OF DON, CULTS, COVE BAY, DYCE,
MILLTIMBER, PETERCULTER

Abbey La.	BB18 29	Albury Rd.	X18 28	Ashfield Rd.	Q22 26
Abbey Pl.	BB18 29	Albyn Gro.	W17 27	Ashgrove Ct.	V13 24
Abbey Rd.	BB18 29	Albyn La.	W17 27	*Back Hilton Rd.*	
Abbey Sq.	CC18 29	Albyn Pl.	W17 27	Ashgrove Gdns. N.	T14 23
Abbots Pl.	Y21 28	Albyn Ter.	W17 27	Ashgrove Gdns. S.	T14 23
Abbotsford La.	Y18 28	Alexander Dr.	W10 20	Ashgrove Pl.	T13 23
Abbotsford Pl.	Y18 28	Alexander Ter.	W11 24	Ashgrove Rd.	W13 24
Abbotshall Cres.	P22 26	Alford La.	X17 28	Ashgrove Rd. W.	T14 23
Abbotshall Dr.	P22 26	*Alford Pl.*		Ashhill Dr.	U13 23
Abbotshall Gdns.	Q22 26	Alford Pl.	X17 28	Ashhill Pl.	V13 24
Abbotshall Pl.	Q22 26	Allan St.	W18 27	Ashhill Rd.	V13 24
Abbotshall Rd.	Q21 26	Allenvale Gdns.	X20 28	Ashhill Way	V13 24
Abbotshall Ter.	P22 26	Allenvale Rd.	X20 28	Ashley Gdns.	V18 27
Abbotshall Wk.	P22 26	Allison Clo.	AA25 35	Ashley La.	V18 27
Abbotswell Cres.	Z21 28	Alma Rd.	AA 8 21	Ashley Park Dr.	W18 27
Abbotswell Dr.	X21 28	Altens Farm Rd.	AA22 28	Ashley Pk. N.	V18 27
Abbotswell Rd.	Z21 28	Altonrea Gdns.	P 3 17	Ashley Pk. S.	W18 27
Abergeldie Rd.	W19 27	Anderson Av.	V11 24	Ashley Rd.	W18 27
Abergeldie Ter.	W19 27	Anderson Dr.	S14 23	Ashvale Ct.	X17 28
Aboyne Gdns.	V21 27	Anderson Rd.	B25 19	*Cuparstone Row*	
Aboyne Pl.	U22 27	Angusfield Av.	U10 26	Ashvale Pl.	W17 27
Aboyne Rd.	U21 27	Angusfield La.	S17 26	Ashwood Av.	W 5 20
Academy St.	Y17 28	Ann St.	S17 24	Ashwood Cres.	W 5 20
Adelphi	Z16 25	Annat Bank	BX15 36	Ashwood Dr.	W 5 20
Advocates Rd.	Z14 25	Annfield Ter.	V18 27	Aswood Grange	W 5 20
Affleck Pl.	Y17 28	Arbroath La.	Y22 28	Auchinleck Cres.	W10 20
Marywell St.		Arbroath Pl.	Z22 28	Auchinleck Rd.	W10 20
Affleck St.	Y17 28	Arbroath Way	Y22 28	Auchinyell Gdns.	U21 27
Airyhall Av.	R20 26	Ardarroch Pl.	AA13 25	Auchinyell Rd.	T22 27
Airyhall Cres.	R20 26	Ardarroch Rd.	Z13 25	Auchinyell Ter.	U21 27
Airyhall Dr.	S20 26	Ardbeck Pl.	E26 30	Auchlea Pl.	P15 22
Airyhall Gdns.	S20 26	Ardlair Ter.	P 2 17	Auchlea Rd.	P15 22
Airyhall Pl.	S20 26	Argyll Cres.	V15 24	Auchlossan Ct.	Y 9 20
Airyhall Rd.	R21 26	Argyll Pl.	W15 24	Auchmill Rd.	Q 9 18
Airyhall Ter.	S20 26	Argyll Rd.	L 5 16	Auchmill Ter.	S10 19
Albert La.	V17 27	Arnage Cres.	S14 23	Auchrinny Circle	O 6 17
Albert Pl.	W16 24	Arnage Dr.	R14 23	Auckland Pl.	Z13 25
Albert Quay	AA17 28	Arnage Gdns.	S14 23	*Merkland Pl.*	
Albert St.	W16 24	Arnage Pl.	S14 23	Auldearn Gdns.	Y22 28
Albert Ter.	W17 27	Arnage Ter.	S14 23	Auldearn Pl.	Y22 28
Albert Wk.	W17 27	*Arnage Pl.*		Auldearn Rd.	Y22 28
Albert Ter.		Arran Av.	O15 22	Aulton Ct.	AA11 25
Albury Pl.	Y18 28	Aryburn Row	P 3 17	Avon Pl.	O 3 17

Street	Ref	Page
Back Hilton Rd.	V13	24
Back Wynd	Y16	24
Baillieswells Cres.	M23	32
Baillieswells Dr.	M23	32
Baillieswells Gro.	M22	32
Baillieswells Pl.	M23	32
Baillieswells Rd.	M23	32
Baillieswells Ter.	M23	32
Bairds Brae	R21	26
Baker Pl.	X15	24
Baker St.		
Baker St.	X15	24
Balfron Pl.	S16	23
Balgowie Rd.	W 8	20
Balgownie Brae	X 9	20
Balgownie Cres.	Z 9	21
Balgownie Ct.	Z11	25
Balgownie Dr.	W 9	20
Balgownie Gdns.	X 9	20
Balgownie Pl.	W 9	20
Balgownie Rd.	Z 9	20
Balgownie Way	X 9	20
Balloch Way	P 2	17
Balmoral Ct.	X19	28
South Mile-End		
Balmoral Pl.	W18	27
Balmoral Rd.	X19	28
Balmoral Ter.	W19	27
Balnagask Circle	CC19	29
Balnagask Pl.	CC18	29
Balnagask Rd.	CC18	29
Baltic Pl.	BB16	25
Bank St., Ferry Hill	Y18	28
Bank St., Hilton	V11	24
Bankhead Av.	O 8	18
Bankhead Rd.	P 8	18
Bannermann Pl.	Q11	22
Bannermill St.	AA15	25
Cotton St.		
Barbour Brae	W 8	20
Barra Walk	P15	22
Barron St.	W11	24
Barrowstone Pl.	P15	22
Derbeth Cres.		
Barvas Wk.	O14	22
Lewis Rd.		
Bath St.	Y16	24
Windmill Brae		
Battock Pl.	AA19	28
Baxter Ct.	CC18	29
Baxter Pl.		
Baxter Pl.	CC18	29
Baxter St.	CC18	29
Bayview Ct.	AA11	25
Bayview Rd.	U17	27
Bayview Rd. S.	U18	27
Beach Boulevard	AA15	25
Beach Esplanade	AA10	21
Beaconhill Rd.	K25	31
Beaconsfield Pl.	U17	27
Beattie Av.	W13	24
Beattie Pl.	W13	24
Bedford Av.	X12	24
Bedford Pl.	X13	24
Bedford Rd.	X13	24
Beech Rd.	S13	23
Beechgrove Av.	V15	24
Beechgrove Gdns.	V15	24
Beechgrove Pl.	V16	24
Beechgrove Ter.	V16	24
Beechhill Gdns.	S20	26
Beechview Ct.	AA11	25
Beechwood Av.	U14	23
Beechwood Ct.	T14	23
Castleton Dr.		
Beechwood Pl.	U13	23
Beechwood Rd.	U13	23
Belgrave Ter.	W16	24
Bellenden Wk.	G26	31
Bellfield Rd., Mastrick	Q14	22
Bellfield Rd., Br. Don	Z 8	21
Belmont Rd.	X13	24
Belmont St.	Y16	24
Belmuir Gdns.	O 2	17
Belrorie Circle	P 2	17
Belvidere Cres.	W16	24
Belvidere La.	P23	33
Belvidere Rd.	O23	32
West Cults Rd.		
Belvidere Rd.	O24	32
West Cults Rd.		
Belvidere St.	W15	24
Benbecula Rd.	O14	22
Berneray Pl.	P15	22
Berry St.	Z15	25
Berryden Rd.	W14	24
Berrymoss Ct.	P 2	17
Balloch Way		
Berrywell Gdns.	O 2	17
Berrywell Pl.	O 2	17
Berrywell Rd.	O 2	17
Berrywell Wk.	O 2	17
Bethany Gdns.	X18	28
Binghill Cres.	H25	31
Binghill Dr.	H24	31
Binghill Hedges	J24	31
Binghill Pk.	J25	31
Binghill Rd.	J24	31
Binghill Rd. N.	H24	31
Binghill Rd. W.	H24	31
Birch Rd.	U13	23
Rowan Rd.		
Birchfield Pl.	BB26	36
Redwood Cres.		
Birkhall Par.	R13	23
Birkhall Pl.	R13	23
Bishopsloch Row	P 3	17
Blackfriars St.	Y15	24
Blackness Rd.	CC24	36
Blacks La.	AA17	28
Blackthorn Cres.	U13	23
Blaikies Quay	AA16	25
Blenheim La.	V16	24
Blenheim Pl.		
Blenheim Pl.	V16	24
Bloomfield Pl.	X18	28
Bloomfield Pl.	X19	28
Bloomfield Rd.	X19	28
Boa Vista Pl.	Y13	24
Spital		
Bodachra Path	X 8	20
Bodachra Pl.	X 8	20
Bodachra Rd.	X 8	20
Boddie Pl.	AA14	25
Urquhart Rd.		
Bon Accord Cres.	Y17	28
Bon Accord Cres. La.	Y17	28
Bon Accord Cres.		
Bon Accord La.	Y17	28
Bon Accord Sq.	Y17	28
Bon Accord St.	Y18	28
Bon Accord Ter.	Y17	28
Bonnymuir Pl	V15	24
Bonnyview Dr.	Q11	22
Bonnyview Pl.	Q11	22
Bonnyview Rd.	Q11	22
Bonnyview Dr.		
Booth Pl.	P 9	18
Kingsway		
Borrowstone Pl.	P14	22
Sheddocksley Dr.		
Boyd Orr Av.	X24	35
Boyd Orr Clo.	X24	35
Boyd Orr Pl.	X24	35
Boyd Orr Wk.	X24	35
Bradley Ter.	X11	24
Braefoot Rd.	V13	24
Braehead	Y 8	20
Glashieburn Way		
Braehead Ter.	H25	31
Braehead Way	X 8	20
Braemar Pl.	W19	27
Braeside Av.	T21	27
Braeside Pl.	S20	26
Braeside Ter.	T20	27
Bramble Brae	T12	23
Brebner Cres.	Q12	22
Brebner Ter.	Q12	22
Brent Rd.	M 4	16
Bressay Brae	P15	22
Brewery La.	Y12	24
High St.		
Bridge Pl.	Y16	24
Bridge St.		
Bridge St.	Y16	24
Brierfield Rd.	U13	23
Brierfield Ter.	T13	23
Bright St.	Y19	28
Brighton Pl.	V18	27
Brimmond Ct.	CC19	29
Balnagask Circle		
Brimmond Pl.	AA19	28
Brimmond Vw.	O 7	18
Brimmondside	N10	18
Broad St.	Z16	25
Broadfold Dr.	Z 8	21
Broadfold Rd.	Z 7	21
Broadfold Ter.	Z 8	21
Gordon Pl.		
Brodinch Pl.	Q14	22
Brodinch Rd.	Q14	22
Brooke Cres.	Z 6	21
Broom Pk.	O22	32
Broomhill Av.	W20	27
Broomhill Pk.	W19	27
Broomhill Rd.		
Broomhill Pl.	W20	27
Broomhill Rd.	W19	27
Broomhill Ter.	W20	27
Brough Pl.	V13	24
Carnie Dr.		
Brown St.	W11	24
Bruce Ho.	Q17	26
Hazlehead Rd.		
Bruce Wk.	Z23	35
Brucklay Ct.	P 3	17
Brunswick Pl.	Y13	28
Buchan Pl.	CC18	29
Buchan Rd.	CC19	29
Buchan Ter.	CC18	29
Buchanan Gdns.	Y23	35
Buchanan Pl.	Y22	28
Buchanan Rd.	Y23	35
Bucklerburn Rd.	D25	30
Bunzeach Pl.	P 2	17
Burnbank Pl.	BB19	29
Burnbank Ter.	BB19	29
Burnbrae Av.	R15	23
Burnbrae Cres.	R15	23
Burnbrae Pl.	R15	23
Burnbutts Cres.	BB26	36
Loirston Pl.		
Burndale Rd.	P 8	18
Burnett Pl.	W12	24
Burnieboozle Cres.	R19	26
Burnieboozle Pl.	R19	26
Burns Gdns.	U18	27
Burns Rd.	U18	27
Burnside Dr., Br. Don	Z 8	21
Burnside Dr., Dyce	P 4	17
Burnside Gdns.	V15	24
Burnside Rd., Dyce	P 4	17
Burnside Rd., Peter.	D28	30
Bush, The	D27	30
Bute Way	P15	22
By-Dand Pl.	Z 6	21
Byron Av.	R13	23
Byron Cres.	Q11	22
Byron Pk.	R13	23
Byron Sq.	R12	23
Byron Ter.	Q12	22
Cadenhead Pl.	W13	24
Cadenhead Rd.	W13	24
Caiesdykes Cres.	Y23	35
Caiesdykes Dr.	X22	28
Caiesdykes Rd.	X23	35
Caircry Ter.	U13	23
Cairn Cres.	N23	32
Cairn Gdns.	O23	32
Cairn Pk.	N23	32
Cairn Rd., Bield.	N23	32
Cairn Rd., Peter.	E27	30
Cairn Wk.	N23	32
Cairnaquheen Gdns.	U16	23
Cairncry Av.	U13	23
Cairncry Cres.	V13	24
Cairncry Ct.	T13	23
Brierfield Ter.		
Cairncry Rd.	U13	23
Cairnfield Cres.	R10	19
Cairnfield Pl., Bucks.	R10	19
Cairnfield Pl., Mile End	V15	24
Cairnfold Rd.	Y 9	20
Cairngorm Cres.	Y22	28
Cairngorm Dr.	X22	28
Cairngorm Gdns.	Y22	28
Cairngorm Pl.	X22	28
Cairnvale Cres.		
Cairngorm Rd.	X22	28
Cairnlee Av. E	N23	32
Cairnlee Cres. N.	N23	32
Cairnlee Cres. S.	N23	32
Quarry Rd.		
Cairnlee Pk.	N23	32

Street	Map	Pg	Street	Map	Pg	Street	Map	Pg
Cuparstone Row	X17	28	Donmouth Ter., Br. Don	AA 9	21	Fairies Knowe	O10	18
Great Western Rd.			Donside Ct.	W10	20	Fairlie St.	T11	23
Cuparstone Row	X17	28	*Auchinleck Rd.*			Fairview Av.	U 8	19
Cutler House Rd.	G25	31	Donview Ho.	AA11	25	Fairview Brae	V 8	20
Dalmaik Cres.	D26	30	Douglas La.	Y12	24	Fairview Circle	T 8	19
Dalmaik Ter.	D26	30	*High St.*			Fairview Cres.	V 8	20
Dalmuinzie Rd.	L23	32	Downie Brae	BB19	29	Fairview Dr.	V 9	20
Dancing Cairns Cres.	R11	23	Downies Pl.	BB19	29	Fairview Gdns.	T 8	19
Dancing Cairns Pl.	R10	19	Drinnies Cres.	P 2	17	Fairview Gro.	U 8	19
Danestone Circle	T11	23	Dubford Av.	Y 5	20	Fairview Par.	U 8	19
Danestone Pl.	Z 9	21	Dubford Cres.	Y 5	20	Fairview Pk.	U 8	19
Danestone Ter.	Z 9	21	Dubford Gdns.	Y 4	20	Fairview Pl.	U 8	19
Davan Circle	Y 9	20	Dubford Gro.	Y 4	20	Fairview Rd.	U 8	19
Davan Pk.	Y 9	20	Dubford Pk.	Y 6	20	Fairview St.	U 8	19
Davidson Dr.	Q11	22	Dubford Pl.	Y 5	20	Fairview Ter.	T 8	19
Davidson Gdns.	Q12	22	Dubford Rd.	Y 6	20	Fairview Way	U 8	19
Davidson Ho.	Q17	26	Dubford Ri.	Y 4	20	Fairview Wk.	V 8	20
Hazlehead Rd.			Dubford Ter.	Y 5	20	Fairview Wynd	V 8	20
Davidson Pl.	Q12	22	Dubford Wk.	Y 4	20	Falkland Av.	BB26	36
Deansloch Cres.	R12	23	Duff St.	AA15	25	Fara Clo.	P15	22
Deansloch Pl.	R12	23	Dugald Baird Ct.	X24	35	Farburn Ter.	O 4	17
Deansloch Ter.	R12	23	*Clerk Maxwell Cres.*			Farmers Hall La.	X15	24
Dee Pl.	Y17	28	Dugald Baird Sq.	X24	35	Farquhar Av.	BB19	29
Dee St.	Y17	28	*Clerk Maxwell Cres.*			Farquhar Brae	BB19	29
Deemount Av.	Y19	28	Dulnain Rd.	Q14	22	Farquhar Rd.	BB19	29
Deemount Gdns.	Y19	28	Dumgoyne Pl.	S16	23	Farrier La.	Z15	25
Deemount Rd.	Y19	28	Dunbar St.	Y12	24	*Mealmarket St.*		
Deemount Ter .	Y19	28	Dunbennan Rd.	P 2	17	Fassiefern Av.	Z 6	21
Deer Rd.	V10	20	Duncans Pl.	Y12	24	Faulds Cres.	Y21	28
Deeside Av.	T21	27	*High St.*			Faulds Gate	X22	28
Deeside Cres.	T21	27	Dunlin Rd.	AA26	35	Faulds Row	Y22	28
Deeside Dr.	T21	27	Dunmail Av.	P23	33	Faulds Wynd	Y21	28
Deeside Gdns.	T21	27	*South Av.*			Fergus Pl.	O 2	17
Deeside Pk.	T21	27	Duthie Ct.	U19	27	Fernhill Dr.	R14	23
Deeside Pl.	T21	27	*Duthie Ter.*			Fernhill Pl.	Q15	22
Deeside Ter.	T21	27	Duthie Pl.	U20	27	Fernhill Rd.	Q15	22
Deevale Cres.	X22	28	Duthie Ter.	U19	27	Fernie Brae	AA20	28
Deevale Gdns.	X22	28	Dyce Dr.	L 4	16	Fernielea Cres.	R16	23
Deevale Rd.	X22	28	Earls Court Gdns.	T17	27	Fernielea Pl.	R16	23
Deevale Ter.	X22	28	Earlspark Cres.	M22	32	Fernielea Rd.	R16	23
Deeview Rd. S.	P23	33	Earlspark Dr.	M23	32	Ferrier Cres.	W11	24
Dempsey Ter.	X11	24	*Baillieswells Rd.*			Ferrier Gdns.	W11	24
Den of Cults	Q22	26	Earlspark Gdns.	M22	32	Ferry Pl.	BB17	29
Denburn Rd.	Y16	24	Earlswell Dr.	N23	32	Ferryhill Pl.	Y18	28
Denmore Gdns.	Y 9	20	Earlswell Pl.	N23	32	Ferryhill Rd.	Y18	28
Denmore Rd.	Z 6	21	Earlswell Rd.	N23	32	Ferryhill Ter.	Y18	28
Denseat Ct.	P16	22	Earlswell Vw.	N22	32	Fetach Wk.	O 2	17
Denseat Rd.	P16	22	Earns Heugh Av.	AA26	35	Fifehill Pk.	P 3	17
Derbeth Cres.	P15	22	Earns Heugh Circle	AA26	35	Findhorn Pl.	Q14	22
Derry Av.	S14	23	Earns Heugh Cres.	AA27	35	Findon Ness	BB25	36
Derry Pl.	S14	23	Earns Heugh Rd.	AA26	35	Finnan Brae	CC18	29
Desswood Pl.	U17	27	Earns Heugh Way	AA27	35	Fintray Rd.	R18	26
Devanha Cres.	Y18	28	East Craibstone St.	Y18	28	Firhill Rd.	Y12	24
Devanha Gdns.	Y18	28	*Bon Accord St.*			Fish St.	AA15	25
Devanha Gdns. E.	Y18	28	East Grn.	Z16	24	Fittick Pl.	BB26	36
Devanha Gdns. S.	Y19	28	*Hadden St.*			Flourmill La.	Z16	25
Devanha Gdns. W.	Y18	28	East Main Av.	S14	23	Fonthill Gdns. E.	X19	28
Devanha La.	Y18	28	East North St.	Z15	25	Fonthill Gdns. W.	X18	28
Devanha Gdns.			Eday Cres.	Q15	22	Fonthill Rd.	X18	28
Devanha Ter.	Z18	28	Eday Dr.	Q15	22	Fonthill Ter.	X18	28
Devenick Pl.	U22	27	Eday Rd.	Q16	22	Forbes St.	X15	24
Deveron Rd.	Q13	22	Eday Sq.	Q15	22	Forbesfield La.	V18	27
Devonshire Rd.	V18	27	Eden Pl.	X15	24	Forbesfield Rd.	V18	27
Diamond La.	X17	28	Edgehill Rd.	T16	23	Forehill La.	Y 8	20
Union St.			Edgehill Ter.	T16	23	*Glashieburn Way*		
Diamond Pl.	Y16	24	Elden Side	C26	30	Forest Av.	V18	27
Union Ter.			Elder Pl.	W13	24	Forest Rd.	U16	23
Diamond St.	Y16	24	Ellerslie Rd.	P 8	18	Foresterhill Ct.	V15	24
Dickson Ter.	Q13	22	Ellon Rd.	AA 8	21	Foresterhill Rd.	T13	23
Dill Pla.	W10	20	Elm Pl.	W14	24	Foresters Av.	P 7	18
Dill Rd.	W10	20	Elmbank Rd.	Y13	24	Forestgait	U16	23
Dinbaith Pl.	P15	22	Elmbank Ter.	X13	24	Formartine Rd.	X11	24
Dock St. E.	BB17	29	Elmfield Av.	X13	24	Forties Rd.	L 3	16
Dock St. W.	BB17	29	Elmfield Ter.	X13	24	Forvie Av.	X 7	20
Dock St. E.			Elphinstone Ct.	W10	20	Forvie Circle	X 6	20
Dominies Rd.	U12	23	*Auchinleck Cres.*			Forvie Clo.	X 6	20
Don Bank Ter.	W10	20	Elphinstone Rd.	Y12	24	Forvie Cres.	X 7	20
Don Pl., Dyce	O 3	17	Elrick Circle	X 8	20	Forvie La.	X 7	20
Don Pl., Wood.	W11	24	Endrick Pl.	S15	23	Forvie Path	X 7	20
Don St., O. Aber.	Y 9	20	Eriskay Dr.	O15	22	Forvie Pk.	X 7	20
Don St., Wood.	W10	20	Errol Pl.	Z14	25	*Jesmond Rd.*		
Don Ter.	V10	20	Errol St.	Z14	25	Forvie Pl.	X 7	20
Don View Pl.	W10	20	Erskine St.	X13	24	Forvie Rd.	X 6	20
Don View Rd.	V10	20	Esk Pl.	R13	23	Forvie St.	X 6	20
Donald Pl.	X15	24	Esplanade	BB13	25	Forvie Ter.	X 7	20
Forbes St.			Esslemont Av.	W15	24	Fountainhall Rd.	V16	24
Donmouth Cres., Br. Don	AA 9	21	Exchange La.	Z16	24	Foveran Path	X 6	20
Donmouth Ct.	AA 9	21	*Exchange St.*			*Foveran St.*		
Donmouth Gdns.	AA 9	21	Exchange St.	Z16	24	Foveran St.	W 6	20
Donmouth Rd., Br. Don	AA 9	21	Exchequer Row	Z16	24	Foveran Way	X 7	20
			Shiprow			Fowler Av.	S11	23
						Fowlershill Gdns.	Y 9	20

Street	Grid	Pg
Howes Rd.	P10	18
Howes Vw.	P10	18
Howie La.	E28	30
Hunter Pl.	AA14	25
Huntly St.	X16	24
Hutcheon Ct.	X15	24
Hutcheon St.		
Hutcheon Gdns.	Z 9	21
Hutcheon Low Dr.	T10	19
Hutcheon Low Pl.	T10	19
Hutcheon St.	X15	24
Hutchison Ter.	U20	27
Hutton Pl.	R12	23
Imperial Pl.	Z16	24
Stirling St.		
Inchbrae Dr.	T22	27
Inchbrae Rd.	U22	27
Inchbrae Ter.	T22	27
Inchgarth Rd.	R23	33
Ingram Wk.	AA23	35
Intown Rd.	AA 7	21
Invercauld Gdns.	S13	23
Invercauld Pl.	R13	23
Invercauld Rd.		
Invercauld Rd.	R13	23
Inverdon Ct.	AA10	21
Inverurie Rd.	O 9	18
Irvine Pl.	W18	27
Isla Pl.	Q14	22
Ivanhoe Pl.	U21	27
Ivanhoe Rd.	T22	27
Ivanhoe Wk.	T21	27
Jacks Brae	X16	24
Jackson Ter.	Z14	25
Jamaica St.	X14	24
James St.	AA16	25
Jamiesons Quay	Z16	25
Jasmine Pl.	AA15	25
Jasmine Ter.	Z15	25
Jasmine Way	Z15	25
Jesmond Av.	W 7	20
Jesmond Av. N.	V 6	20
Jesmond Circle	V 5	20
Jesmond Dr.	W 6	20
Jesmond Gdns.	V 5	20
Jesmond Gro.	V 5	20
Jesmond Rd.	X 7	20
Jesmond Sq.	W 7	20
John St., Aber.	Y15	24
John St., Dyce	O 4	17
Johnstone Gdns.	D26	30
Jopps La.	Y15	24
Jura Pl.	P15	22
Justice Mill Brae	X17	28
Justice Mill La.		
Justice Mill La.	X17	28
Justice St.	Z16	25
Jute St.	Y14	24
Kaimhill Circle	V21	27
Kaimhill Gdns.	V21	27
Kaimhill Rd.	V21	27
Kemnay Pl.	R18	26
Kemp St.	T11	23
Kenfield Cres.	T19	27
Kenfield Pl.	T19	27
Kennerty Mills Rd.	D28	30
Kennerty Rd.	C28	30
Kepplehills Dr.	O 9	18
Kepplehills Rd.	N10	18
Kepplestone Av.	T18	27
Kerloch Gdns.	AA19	28
Kerloch Pl.	Z19	28
Kettlehills Cres.	S12	23
Kettlehills La.	S12	23
Kettlehills Rd.	R12	23
Kettock Gdns.	W 7	20
Kettocks Mill Rd.	X 9	20
Kidd St.	X16	24
Kildrummy Rd.	R18	26
Kilsyth Rd.	Z22	28
Kinaldie Cres.	R18	26
Kincorth Circle	Y22	28
Kincorth Cres.	Y21	28
Kincorth Gdns.	Y21	28
Kincorth Cres.		
Kincorth Pl.	X21	28
King George VI Br.	Y20	28
King St., Aber.	Z13	25
King St., Wood.	V11	24
Kings Cres.	Z14	25
Kings Cross Av.	S17	26
Kings Cross Rd.	S17	26
Kings Cross Ter.	S17	26
Kings Gate	R17	26
Kings Rd.	W10	20
Auchinleck Rd.		
Kings Wk.	P 9	18
Kingsford Rd.	Q14	22
Kingshill Av.	T15	23
Kingshill Rd.	T16	23
Kingshill Ter.	T16	23
Kingsland Pl.	Y15	24
Kingsway	P 9	18
Kinkell Rd.	R18	26
Kinnaird Pl.	X10	20
Kinord Circle	Y 9	20
Kintore Gdns.	X15	24
Kintore Pl.		
Kintore Pl.	X15	24
Kirk Cres. N.	P22	26
Kirk Cres. S.	P22	26
Kirk Dr.	P22	26
Kirk Pl.	O22	32
Kirk Ter.	P22	26
Kirkbrae	P22	26
Kirkbrae Av.	O22	32
Kirkbrae Ct.	P22	26
Kirkbrae Dr.	O22	32
Kirkbrae Ms.	P22	26
Kirkbrae Vw.	O22	32
Kirkhill Pl., Aber.	BB20	29
Kirkhill Pl., Dyce	L 4	16
Kirkhill Rd., Aber.	AA20	28
Kirkhill Rd., Dyce	L 3	16
Kirkton Av.	N 1	17
Kirkwall Av.	O14	22
Laburnum Wk.	U12	23
Lade Cres.	P 7	18
Ladywell Pl.	BB19	29
Laird Gdns.	V 7	20
Lamond Pl.	X14	24
Lang Stracht	Q15	22
Langdykes Cres.	AA25	35
Langdykes Dr.	AA25	35
Langdykes Rd.	AA25	35
Langdykes Way	BB25	36
Langdykes Rd.		
Langstane Pl.	Y17	28
Larch Rd.	T13	23
Laurel Dr.	V 9	19
Laurel Rd.	V 9	19
Laurel Ter.	V 9	19
Laurel Wood Av.	W13	24
Laverock Way	Y 8	20
Glashieburn Way		
Laws Dr.	X23	35
Laws Rd.	X23	35
Leadside Rd.	X16	24
Learney Pl.	V18	27
Lee Cres.	V 6	20
Lee Cres. N.	V 5	20
Leggart Av.	W22	27
Leggart Cres.	W22	27
Leggart Pl.	W22	27
Leggart Rd.	W22	27
Leggart Ter.	W22	27
Lemon Pl.	AA15	25
Park St.		
Lemon St.	AA15	25
Lerwick Rd.	P14	22
Leslie Pl.	W12	24
Leslie Ter.	X13	24
Lewis Ct.	O14	22
Lewis Dr.	O14	22
Lewis Rd.	O14	22
Lewisvale	F27	30
Liddel Pl.	O 2	17
Lilac Pl.	S13	23
Lilybank Pl.	W12	24
Lime St.	BB16	25
Lindsay St.	Y16	24
Golden Sq.		
Links Pl.	BB16	25
Links Rd., Aber.	BB15	25
Links Rd., Br. Don	AA 9	21
Links St.	BB16	25
Linksfield Ct.	Z12	25
Linksfield Gdns.	Z13	25
Linksfield Pl.	Z13	25
Linksfield Rd.	Z13	25
Lintmill Pl.	Q12	22
Lintmill Ter.	Q12	22
Lismore Gdns.	O14	22
Little Belmont St.	Y16	24
Belmont St.		
Little Chapel St.	X16	24
Chapel St.		
Little John St.	Z15	25
Loanhead Pl.	W15	24
Loanhead Ter.	W15	24
Loanhead Wk.	W15	24
Loanhead Ter.		
Loch St.	Y15	24
Lochnagar Cres.	E26	30
Lochnagar Rd., Aber.	CC19	29
Lochnagar Rd., Peter.	E26	30
Lochside Av.	Y 6	20
Lochside Cres.	Y 6	20
Lochside Dr.	Y 6	20
Lochside Pl.	Y 6	20
Lochside Rd.	Y 6	20
Lochside Ter.	Z 6	21
Lochside Way	Z 6	21
Lochview Pl.	Y 6	20
Lodge Wk.	Z16	25
Logie Av.	T10	19
Logie Gdns.	T10	19
Logie Av.		
Logie Pl.	S11	23
Logie Ter.	S11	23
Loirsbank Rd.	P23	33
Loirston Av.	AA26	35
Loirston Cres.	BB26	36
Loirston Manor	BB26	36
Loirston Pl., Aber.	BB19	29
Loirston Pl., C. Bay	BB26	36
Loirston Rd.	BB26	36
Loirston Way	AA25	35
Loirston Wk.	AA25	35
Langdykes Dr.		
Long Walk Pl.	S13	23
Long Walk Rd.	S13	23
Long Walk Ter.	S12	23
Longcairn Gdns.	O10	18
Longlands Pl.	S13	23
Longview Ter.	Q11	22
Lord Hays Ct.	AA10	21
Lord Hays Rd.	Z10	21
Loriston Av.	AA25	35
Loriston Wk.	AA25	35
Lossie Pl.	Q14	22
Louden Pl	P 2	17
Louisville Av.	U18	27
Maberley St.	Y15	24
Mackay Rd.	X22	28
Mackenzie Pl.	Y12	24
High St.		
Mackie Pl.	X16	24
Magdala Pl.	X15	24
Short Loanings		
Maidencraig Pl.	Q15	22
Maitlands Quay	BB18	29
Malcolm Rd., Bucks.	Q 9	18
Malcolm Rd., Peter.	C26	30
Manor Av.	S11	23
Manor Dr.	S10	19
Manor Pl.	P22	26
Manor Ter.	T11	23
Manor Wk.	S11	23
Manse Rd.	N23	32
Mansefield Pl.	BB19	29
Mansefield Rd.	BB18	29
Maple Pl.	BB27	36
Redwood Cres.		
Marchbank Rd.	M24	32
Marchburn Av.	R11	23
Marchburn Cres.	R11	23
Marchburn Ct. Rd.	Q11	22
Marchburn Dr.	Q11	22
Marchburn Pl.	R11	23
Marchburn Rd.	R11	23
Marchburn Ter.	S11	23
Marchmont Pl.	BB25	36
Marchmont St.	BB25	36
Margaret Pl.	W20	27
Ruthrieston Circle		
Margaret St.	X16	24
Rose St.		
Marine Ter.		
Marine Ter.	Y18	28
Marischal Ct.	Z16	25
Justice St.		
Marischal Gdns.	O10	18
Marischal St.	Z16	25

WESTHILL